# Yo

**Cómo Afronte Mis Trastornos Emocionales**

Isabel Vasquez Hernández

ISBN:9798324656454

"Isabel Vázquez Hernández, nacida en Orizaba, Veracruz, estudió Administración de Empresas Turísticas. Su inspiración la llevó a tomar diferentes diplomados, especializándose como terapeuta holística a lo largo de una trayectoria de 23 años. Además, realizó diplomados en Apoyo y Acompañamiento en tanatología por el Instituto Mexicano de Tanatología A.C. Con su testimonio, ha brindado apoyo a personas en situaciones de pérdida, ansiedad y depresión."

Dedicatoria

A pesar de su partida, pero con un profundo recuerdo y una gran nostalgia, a mi gran amiga Montserrat Arrojo Gonzáles (q.e.p.d). Una gran mujer que entregó su vida a Dios, a su familia y a su gran labor altruista en causas benéficas en la sociedad orizabeña. Para ti, Montse, dondequiera que te encuentres con todo mi amor.

Mi agradecimiento

"A mi mami, Angelita. Sin tu experiencia y la mía, no hubiera podido llevar este mensaje a miles de personas que están en situaciones emocionales difíciles. Tomada de la mano, fuiste un instrumento para poder escribir mi testimonio de vida. Me enseñaste que el perdón es una decisión voluntaria y consciente que nos libera de sentimientos negativos como el rencor, el resentimiento y el dolor. Te amaré por Toda la eternidad.

# Índice

# Capítulo 1

## Toda emoción tiene una reacción

"Podemos enfrentar y cambiar un estado de dolor y sufrimiento O llegar a un estado de liberación y felicidad"

Soy la hija de cuatro hermanos mi madre dedicada a las labores del hogar ya que mi padre era abogado de profesión tenía el dinero suficiente para poder mantener a una familia de seis miembros-

En el año de 1962 mi padre embarazó a mi madre un embarazo que inició iba muy bien Hasta que mi madre se enteró por una conocida y le dijo que mi padre estaba esperando un bebé con otra señora lo cual mi madre conocía

"Fue un shock instantáneo para mi madre recibir la noticia cuando apenas tenía un mes de embarazo. Inició entonces un viacrucis emocional, ya que la amante de mi padre tenía solo dos meses de gestación. Sé que algunos podrían pensar que esto no es sorprendente, y lo comprendo perfectamente, ya que situaciones similares ocurren con frecuencia en la sociedad. Sin embargo, quiero que sepan que esa mujer experimentó un impacto emocional tan abrumador que le causó mucho dolor y sufrimiento durante la gestación

Dentro de ella, un bebé absorbía esas emociones: el enojo, la decepción, la desilusión y el miedo. Ese bebé era yo, Isabel."

"Aún confundida por la noticia que le habían dado, mi madre decidió corroborar por sí misma la información que le habían proporcionado. Con valentía, se enfrentó directamente a la mujer en cuestión y, lamentablemente, sus sospechas se confirmaron: el bebé que esa mujer esperaba era, de hecho, de mi padre. La respuesta cínica de la mujer no hizo más que profundizar la herida.

Mi madre regresó a casa con el peso de la verdad, enfrentándose a una situación desgarradora. Imaginen a mi madre, con dos hijas pequeñas y yo

en camino como el tercer miembro de la familia. Tomó sus cosas y llevó a mis dos hermanitos a la casa de mi abuela, su madre, en busca de apoyo constante.

En medio de esta tormenta emocional, mi padre la buscaba insistentemente. Sin embargo, ella se negaba a hablar con él, y tras varios intentos, le pidió que regresara a casa. A pesar de la dificultad de la situación, mi madre tomó una decisión que cambiaría nuestras vidas."

En las décadas de los 60 que fue cuando nací los hombres se dedicaban a trabajar y las mujeres al hogar todavía no existía la liberación femenina y el motivo principal y la prioridad eran los hijos

Mi madre regresó a casa, pero ya no iba a hacer lo mismo teniendo presente en su cabeza y en su corazón La decepción de mi padre los meses pasaron y así nací un 30 de agosto de 1963 la vida seguía su marcha y ahora ya éramos tres hijos lo cual ella se entregaba al 100% a cuidar de nosotros

"Recuerdo una noche, cuando tenía alrededor de 2 años y medio o tres, desperté en mi cama y vi visiones espantosas. En la penumbra de mi habitación, parecía ver al mismo diablo con sus cuernos y una sonrisa diabólica, sentado en la esquina de una cuna. Estos sueños eran frecuentes, pero debido a mi corta edad, no podía expresar mi miedo. Solo recuerdo sentir un temor abrumador.

Estos episodios se repetían en distintas ocasiones durante los siguientes años, generalmente por las noches. Soñaba con un gato negro o con un ratón. No estaba segura de si eran sueños o si estaba despierta. Con el ratón, sentía que sus pequeñas manos me indicaban con el dedo índice, como si me estuviera llamando. Esto me aterrorizaba. En medio de esas pesadillas o visiones, gritaba desesperada, y mi madre, al escucharme, acudía de inmediato a mi cuarto para tranquilizarme. Se quedaba conmigo un rato, oraba y luego regresaba a su habitación."

"Con el tiempo, los eventos perturbadores se trasladaron al día, y comencé a ver cosas distorsionadas en los espejos durante el día, lo que me hacía llorar. Le preguntaba a mi madre por qué me sucedían estas cosas. Estos episodios continuaron hasta los 8 años.

Fue alrededor de ese tiempo que empecé la escuela, y fue en una escuela de monjas. Creo que, gracias a las oraciones de mi madre y el entorno católico de mi escuela, las experiencias con los demonios desaparecieron. Aunque, a medida que pasaron los años, me convertí en una niña apartada. Jugaba sola y no socializaba mucho con mis compañeros. Mi padre recordaba que cuando me llevaba el almuerzo a la escuela, siempre me encontraba sola.

Con el tiempo, los trastornos que experimenté en mi infancia evolucionaron hacia percepciones extrasensoriales.

La percepción extrasensorial, o sexto sentido, es la capacidad de percibir información sobre eventos futuros antes de que sucedan. Este don se manifestó en mí."

"Recuerdo una ocasión en la que estaba muy inquieta. Me encontraba en el segundo piso de mi casa y bajé rápidamente a la cocina, donde estaba mi madre. Le dije: 'Mami, mami', y ella, asustada, me preguntó: '¿Qué pasa?'. Le respondí: 'Me siento nerviosa, como si algo fuera a suceder'. Con su voz amorosa, ella me tranquilizó: 'Tranquila, tranquila, no pasa nada'. Solo unos minutos después, la casa empezó a moverse. Fue un sismo que duró unos minutos y luego terminó.

Cuando finalizó el temblor, mi madre me dijo: '¿Presentiste el temblor? Eso era lo que te pasaba'. Así, episodios como este se volvieron cada vez más frecuentes y reales.

En otra ocasión, ya estando casada, le insistía a mi esposo que metiera el auto en la cochera porque presentía que algo iba a suceder. A pesar de mis advertencias, él no me hizo caso. Hasta que un día, asomándose por la ventana, se dio cuenta de que su auto no estaba afuera. Se dirigió a la habitación donde yo estaba y me dijo: 'El auto no está, el auto no está'. Mi respuesta fue simple: 'Te lo advertí'."

"A medida que el tiempo avanzaba, estas situaciones continuaban ocurriendo y, al mismo tiempo, me causaban daño. En ocasiones, sucedían cosas a personas a mi alrededor que yo había percibido previamente, pero me guardaba la información por el temor de que no me creyeran. Sabía que tenía un don, una cualidad o habilidad única para prever el futuro. Sin embargo, esta habilidad me generaba miedo."

Recuerdo una ocasión en la que invité a una amiga, su Nombre Dunia la invité a quedarse a dormir en casa. Antes de irnos a dormir, un pensamiento me invadió y le dije: 'Dunia, presentí que me roban el teléfono'. Su respuesta fue tranquilizadora: 'Amiga, no pasa nada'. A la mañana siguiente, nos levantamos, desayunamos y nos alistamos para salir, incluyendo una visita a la compañía telefónica. Optamos por caminar y mientras conversábamos, pasamos cerca de una acera. Mi teléfono estaba fijo en mi pantalón con un soporte.

De repente, alguien gritó '¡Quítense!'. Era un hombre en bicicleta que subió a la acera y nos hicimos a un lado. Después de pasar, continuamos nuestro camino. Poco después, al entrar a la tienda de telefonía celular noté que mi celular ya no estaba conmigo. Aunque fue un susto por el incidente con el hombre en bicicleta, me di cuenta de que mi presentimiento de la noche anterior se había vuelto realidad. El hombre de la bicicleta había robado mi celular, algo que había percibido en mi pensamiento la noche anterior y lamentablemente no había tomado en cuenta."

"Recuerdo otro caso en el que le pregunté a una amiga por qué la veía un poco preocupada y distraída. Abordé la situación con precaución, ya que sabía que las personas a veces no creen o se asustan ante este tipo de preguntas. Le dije: '¿Tienes algún problema con alguien?' Mi intención era acercarme de una manera que permitiera el diálogo. Ella respondió: '¿Por qué me lo preguntas?' y le expliqué: 'Es que te he notado muy inquieta y preocupada'. Mi amiga contestó: 'No, amiga, es un asunto legal, pero se resolverá'.

Sin embargo, antes de hacerle esa pregunta, ya presentía que era algo que no se resolvería fácilmente y que podría llevarla a la cárcel."

"Así sucedió: mi amiga fue arrestada y estuvo en la cárcel durante dos meses. A pesar de que todo lo que estaba haciendo en cuestiones judiciales estaba en regla, sus abogados fueron sobornados. Ella no debería haber pisado la cárcel, pero como suele suceder en la burocracia y política, las cosas son diferentes. Fue una situación desafortunada que la llevó a pasar dos meses dentro del penal, a pesar de que no merecía estar allí.

Cuando la liberaron me acerqué a ella y le dije de mis visiones que sabía que iba a pasar y aunque fuera inocente ella se soltó a llorar y me dijo ya sabía que esto me no merecía prisión puesto que un día antes mis abogados me dijeron que estaba amparada y que no me preocupara ya pasando unos días después de haber sido liberada fue a mi casa y me pregunto por qué no le dije antes que iba a pasar mi respuesta fue porque no me hubieras creído.

"La percepción es la manera en que el cerebro humano interpreta las sensaciones que recibe a través de los sentidos para formar una impresión consciente o inconsciente. También se perciben mediante capacidades innatas presentes desde el nacimiento y no adquiridas.

A lo largo de mi vida, he desarrollado una percepción que me ha acompañado hasta el día de hoy. Consciente de esta capacidad, he aprendido a manejarla de manera que, cuando los presentimientos o sensaciones de lo que va a pasar se manifiestan, doy un giro a mis pensamientos. En lugar de permitir que esos pensamientos se conviertan en una realidad, me enfoco en el presente y transmitir activamente esos pensamientos, buscando cambiar el curso de lo percibido."

"Mi vida continuó, y desde mi infancia hasta mi juventud, no siempre estuvo marcada por el terror o manifestaciones. Hubo años en los que todo parecía desaparecer, y sentí que esta peculiar capacidad había llegado a su fin. Sin embargo, la vida siempre nos reserva sorpresas, y sucedió algo inesperado."

## Capítulo 2

## Lo inesperado

"En 1993, ya era madre de una hermosa niña llamada Daniela, a quien cariñosamente todos llamamos Dani. En ese momento, Dani contaba con un año y medio. Mi esposo y yo atravesamos ciertas dificultades en nuestra relación. Decidí compartir esto con mis padres.

Guardaba cierto resentimiento hacia mi padre desde mi infancia, ya que solía beber mucho y verlo alcoholizado me sumía en una profunda tristeza. Aunque era un borracho pasivo, verlo en ese estado despertaba en mí sentimientos de tristeza y resentimiento por lo que había ocurrido antes de mi nacimiento. A pesar de todo, sabía que él me amaba."

"Así que le compartí a mi madre ciertas discrepancias que tenía con mi esposo. En esa conversación, mencionó mi padre que posiblemente sería la última vez que viajaría a Cancún, donde yo vivía junto con mi esposo y mi hija. Fue entonces cuando mis padres decidieron venir a nuestra casa para brindarnos apoyo emocional.

Permanecieron aproximadamente 10 días, disfrutando de la comida y recorriendo el hermoso Cancún. En mi interior, escuché una voz que me decía: 'Habla con tu padre y pídele perdón'. Con una fuerte intuición, supe que era el momento de actuar.

Durante el desayuno, le propuse a mi padre que tuviéramos una conversación a solas. En ese momento, le pedí perdón por varias cosas que había guardado en mi corazón, como resentimientos y su forma de beber. Recordé que fui una chica muy rebelde y le pedí perdón por haberlo juzgado. Le expliqué mi sentir por lo que mi madre había experimentado a causa de él.

Mi padre me escuchó en silencio hasta que terminé. No hubo discusiones, simplemente me dijo: 'Estoy aquí por dos razones. Primero, espero que nuestra presencia pueda ayudar a rescatar la relación entre tú y tu esposo. Segundo, quiero pedirte perdón por todos mis errores. Lo siento, hija. Sé que los hice sufrir mucho a ti, a tu madre y a tus hermanos.

"De repente, un silencio llenó la habitación. Mis lágrimas empezaron a rodar por mis mejillas, y en sus ojos también vi reflejarse el peso de la emoción contenida. Nos abrazamos con una intensidad que parecía liberar no solo nuestras penas, sino también los años de distancia y malentendidos. Aquel abrazo fue un suspiro de alivio, un instante de conexión que nunca habíamos compartido.

Llegó el día de su regreso a Orizaba, la ciudad que nos vio nacer. Mientras preparaban sus maletas, nos dirigimos al aeropuerto, sin saber que ese adiós eran las palabras finales. En el Puerto de Veracruz, mi madre sugirió: '¿Por qué no nos quedamos un día más y revivimos nuestros viejos tiempos?'. Él asintió con una sonrisa nostálgica, y recorrieron las calles del hermoso puerto.

Gracias a esa visita, la luz de los viejos recuerdos iluminó nuestros días. Sin embargo, el brillo se desvaneció rápidamente. Pocos días después de que mis padres regresaran a Orizaba, recibí una llamada que cambiaría mi mundo. Mi hermano, con voz temblorosa, me informó que un derrame en la base del cerebro había sumido a mi padre en un profundo estado de coma. No había más que hacer, y la distancia entre nosotros se volvió insuperable, dejándome con el eco de las palabras dichas y los abrazos que ahora solo existían en el recuerdo."

Me transformé en un autómata. Mis sentimientos parecían haberse evaporado, y yo estaba en un estado de alerta constante, preparada para cualquier eventualidad. No derramé lágrimas; en mi mente resonaba el pensamiento de que debía permanecer atenta ante cualquier situación que pudiera surgir. Aunque me sentía fuerte, decidí dar el siguiente paso.

Mis hermanos, desvelados y vulnerables, se encontraban perdidos, sin saber cómo afrontar la situación. Todo cambió de un día para otro. Pasaron diez largos días, y una mañana, el 24 de septiembre de 1994, mi hermano, quien había compartido la última noche con él, llamó a la casa donde yo me encontraba. Al contestar, escuché las palabras que hicieron temblar mi mundo: "Isabel, papá acaba de partir".

Ese 24 de septiembre quedó grabado a fuego en mi memoria. Era un día de doble significado, ya que coincidía con el cumpleaños de mi madre. Pero, en lugar de celebrar, ese día la luz de su vida se apagó, dejándonos en la oscuridad de la pérdida. No sé con quién a su paso detuvo a mi madre preguntándose por mi papá que tardó no sé con quién a su paso mi madre se detuvo preguntándole de la salud de mi papá que tardó .

Mucho tiempo transcurrió desde la llamada hasta que finalmente llegué al hospital. Tomé un taxi

apresurada, consciente de que cada segundo contaba. Cuando llegué, vi a mi madre a punto de subir el elevador. Ella había salido temprano de casa rumbo al hospital, pero al enterarme de la noticia, me apresuré y tomé la ropa que ya tenía lista.

No sé con quién se cruzó mi madre en su camino, pero la preocupación por la salud de mi padre la hizo esperar mucho tiempo. Cuando finalmente llegué, presencié ese momento en el que su esperanza se desmoronó, justo al borde del elevador.

La detuve en seco y le dije: "Mamá, ya no subas. Papá acaba de fallecer". A mi lado, una amiga que se encontraba en el hospital ofreció quedarse con ella por un rato, a lo cual respondió con un sí comprensivo. En mi interior, todas las emociones se bloquean; las vacaciones y los momentos compartidos días antes parecían distantes. Estaba en un estado en el que nada me dolía, actuaba como un robot.

Al llegar al piso donde se encontraba mi padre, los camilleros lo llevaban ya cubierto con una sábana. En ese instante, los detuve y les dije: deténganse déjenlo aquí. Voy a vestirlo". Tenía su ropa preparada; el médico nos había comunicado que solo un milagro podría salvarlo.

Recuerdo vívidamente el momento en que decidimos cambiarle la ropa: elegimos su mejor camisa y un bonito traje. Mi hermano y yo lo vestimos con cuidado, aunque su peso era el doble de lo que había sido en vida. A medida que le poníamos las prendas, una voz interna repetía en mi mente: "No es mi papá, no es mi papá, no es mi papá". A pesar de las circunstancias, la realidad de su ausencia se afianzaba con cada gesto.

Después, lo llevaron para colocarlo en una caja que había seleccionado previamente. En mi mente, resonaba la idea de que, a pesar de las circunstancias, mi padre nos había brindado amor, comida, abrigo, cubriendo gastos y realizando viajes. Esos gestos nunca los olvidaré. A pesar del dolor del adiós, su generosidad y presencia en nuestras vidas permanecen como un legado imborrable.

Es cierto que, cuando las personas fallecen, su presencia física se va, pero también es verdad que el amor y los recuerdos perduran. Si esa persona nos brindó todo durante su vida, desde alimentos hasta educación y vestimenta, creo que al final del camino podemos devolver ese amor y generosidad de alguna manera. Elegir el mejor traje, la mejor caja, el mejor lugar para descansar, son gestos de amor y respeto hacia quien nos dio tanto.

Recuerdo que a mi padre le encantaban los tríos y los mariachis. Por eso, en el día de su entierro, decidí contratar un trío. Me sorprendió la cantidad de personas que asistieron al funeral, cerca de 300. Fue algo inesperado para mí, y reflexioné sobre cuánta gente quería a mi padre. Durante la ceremonia, el trío cantó sus canciones favoritas, una pequeña manera de honrar sus gustos y alegrar un momento tan difícil.

Por temor a que mi madre se sintiera incómoda, no le conté que fui yo quien organizó la presencia de los músicos. Sin embargo, cuando la vi sonreír y me preguntó quién los había traído, solo pude responderle con sinceridad: "Fui yo, mami". En ese momento, entendí que, a pesar del dolor, podíamos encontrar maneras de celebrar la vida de mi padre y recordarlo con amor y alegría.

Pasaron 9 días desde que mi padre partió, y regresé a Cancún. El impacto que viví durante mi estancia en Orizaba, y que había bloqueado mi mente, comenzó a desvanecerse. Al entrar a casa, sentí una soledad inmensa, un vacío palpable en mi corazón. Miré a mi alrededor, observando cada rincón donde mi papá solía estar. Recordé los momentos de juego con mi hija, nuestras risas, las conversaciones llenas de anécdotas y la felicidad que ambos compartieron.

Me invadieron los recuerdos de aquel último viaje que mi padre hizo, recordando sus palabras cuando le dijo a mi madre: "Vamos a verla, quizás este sea mi último viaje". Y así fue, ese fue su último viaje, donde ya no tendría la oportunidad de verlo de nuevo

Querido lector, permíteme compartirte algo: mientras haya vida y llevemos en nuestro corazón rencores, resentimientos, enojos, dolor y odio, el perdón se convierte en una decisión voluntaria y consciente

El acto de cerrar esos capítulos pendientes nos permitió construir un puente hacia la comprensión y la aceptación. A través del diálogo, encontramos la paz y la conexión que quizás siempre habíamos buscado. Esta experiencia me ha enseñado la importancia del perdón, no solo hacia los demás, sino también hacia uno mismo, permitiéndonos avanzar con amor y gratitud en el corazón.

Es conmovedor saber que, cuando mi padre y yo conversamos, pudimos abordar asuntos inconclusos y cerrar episodios dolorosos. En ese momento, sentí un alivio, una liberación que se extendió por mi ser. Ahora, puedo afirmar con certeza que amo profundamente a mi padre y que seguiré amándolo por el resto de mi vida.

## Capítulo3

## El Reinicio de mis trastornos emocionales

En ese tiempo, trabajaba en una prestigiosa cadena de perfumes en Cancún, y no habían pasado ni cuatro meses desde el fallecimiento de mi padre. Una mañana, desperté, preparé a mi hija para llevarla a la escuela y me dirigí a mi trabajo, que se encontraba a unos 7 km en la zona hotelera de Cancún, conocida como Boulevard Kukulcán. Estacioné en mi auto y todo parecía normal.

Las horas transcurrieron y llegó el final del turno. Tomé mi bolsa y me dirigí hacia el estacionamiento. Una compañera llamada Ofelia, que se dirigía hacia el centro, me preguntó si la podía llevar, a lo que respondí con gusto, ya que me haría compañía de regreso a casa. Arranqué el auto y manejé como lo hacía normalmente, día tras día.

Sin embargo, cuando faltaban aproximadamente 3 km para llegar al centro, empecé a sentir que me sudaban las manos y mi corazón latía a mil por hora. Estaba nerviosa y con dificultad para respirar Sentía ganas de presionar más el acelerador. Asustada, le dije a Ofelia que me sentía mal y que creía que se me estaba subiendo la presión. Ofelia, sin perder la calma, me dijo que, al llegar al centro, fuera inmediatamente a la Cruz Roja para que me revisaran.

No dejaba de hablar para tranquilizarme mientras dirigía mi auto hacia la Cruz Roja. En cuanto llegamos, me atendieron de inmediato. Me revisaron la presión, la temperatura, la respiración, y todo estaba completamente normal. El médico me dijo: "Usted no tiene nada, sus signos vitales están en perfectas condiciones". Agradecí y salí de la Cruz Roja sintiéndome mejor, como si nada hubiera pasado.

Tomé mi auto, regresé a la zona hotelera y me dirigí al trabajo de mi esposo, ya que se encontraba cerca de donde yo trabajaba. Aunque el episodio fue aterrador, la atención médica y el apoyo de Ofelia me ayudaron a superarlo y seguir adelante con mi día.

Temerosa volví a manejar los 7 km hacia la zona hotelera y al llegar a su trabajo asustada me bajé del auto y me solté a llorar diciéndole no sé qué me pasa "Él estaba consternado, sin comprender lo que estaba sucediendo. Mis lágrimas cedieron un poco, y entre sollozos, le conté todo lo que había acontecido. Me preguntó si quería volver a ver al doctor, a lo que respondí: 'No, gracias. Me siento mejor’"

Me quedé un rato en su trabajo para tranquilizarme pasaron dos horas y le dije que iba a regresar a casa.

Así transcurrieron los días lloraba mucho por la ausencia de mi padre sentía tanta soledad y una profunda tristeza, pero el trabajo hacía que olvidara un poco mi tristeza y ausencia de mi padre-

Durante mi vida cotidiana yo me exigía mucho en todos los aspectos por ser una excelente madre ser una excelente esposa tener mi casa exageradamente limpia en el trabajo muy responsable y como me dedicaba a las ventas siempre quería ser de las mejores a raíz del primer suceso cuando fui a la cruz roja las cosas ya no fueron normales.

"En una ocasión, el padre de una compañera de trabajo falleció, y debíamos asistir al velorio. Por motivos personales, no pude estar presente, pero al día siguiente le pedí a mi esposo que me acompañara a la iglesia.

Cuando llegamos, la iglesia estaba abarrotada de personas. Nos colocamos en un lateral en la parte central, y a medida que más personas llegaban, empecé a sentirme mal. Mis manos sudaban, y me faltaba el aire, pero aún deseaba quedarme allí. Sin embargo, llegó un punto en que no pude más, y le dije a mi esposo: 'Me siento mal, me falta el aire'. Él me tomó de los brazos, salimos de la iglesia y me senté sobre unas piedras. Mi esposo, preocupado, insistía en llevarme al médico, pero le dije: 'Espera, ya se me pasará'. Permanecimos fuera de la iglesia cerca de 20 minutos hasta que finalmente me recuperé, pero decidí no regresar al interior."

"Esta fue la segunda vez que me sucedía, pero aún no comprendía qué estaba pasando. Entre el primer y segundo episodio, transcurrieron un par de meses, y así siguieron avanzando los días. Pensé que mi malestar podría ser resultado del estrés en mi trabajo, así que decidí cambiar a otro empleo. Aunque también era de ventas, no resultaba tan agobiante como el anterior.

En una mañana estaba lista para ir al trabajo, al intentar arrancar mi auto, este no dio marcha. Fue entonces cuando me di cuenta de que estaba descompuesto. Opté por abordar el autobús que me llevaría directamente hasta la puerta de mi nuevo trabajo.

Esa pequeña avería en mi automóvil simbolizaba más que solo un inconveniente mecánico. Era como si el universo, de alguna manera, estuviera intentando detenerme, guiándome hacia un cambio necesario en mi vida. Cada giro del volante y cada ruido del motor averiado parecían ser mensajes cifrados que sólo entendí más tarde

A medida que el autobús avanzaba por la ciudad, reflexioné sobre cómo las circunstancias más simples podían transformarse en giros inesperados que nos llevan a destinos desconocidos. Fue en ese trayecto donde mi viaje hacia el autodescubrimiento comenzó a desplegarse, y yo, sin saberlo, estaba embarcando en una travesía que cambiaría mi vida.

La desesperación se apoderaba de mí, anhelaba llegar a mi trabajo, pero el agobio se volvía insoportable. Entre la maraña de cuerpos, sin aire acondicionado en aquel autobús, sentí que la asfixia "En medio de la abrumadora multitud de pasajeros, y con el calor sofocante que envolvía el autobús, mi inquietud comenzó a crecer. Mi corazón latía con fuerza, como si quisiera escapar de mi pecho. La desesperación me envolvía.

Finalmente, no pude soportarlo más. Pedí al chofer que me dejara en la próxima parada y bajé apresuradamente. Quería pedir ayuda, pero me encontré sentada en la acera, cerré los ojos y traté de inhalar profundamente, como si el aire fresco pudiera calmar mi angustia. Me incorporé lentamente, pero el tiempo restante para llegar al trabajo seguía siendo una carrera contra el reloj.

"Así transcurrían los días, y seguía aferrándome a la esperanza de que esto no volvería a suceder.

Una noche decidí salir con unas amigas a la discoteca, llena de emoción. Aunque por lo general me sumía en mi trabajo y en mi hogar, esta vez decidí ponerme un hermoso vestido rojo con zapatillas negras, sintiéndome radiante. Mis amigas pasaron a recogerme, y decidí no llevar el auto.

En la discoteca, se unieron más amigos, formando un grupo de aproximadamente 10 personas. Juntamos las mesas y nos acomodamos frente a la pista. Aún no estaba completamente llena; pedimos nuestras bebidas y comenzamos nuestras charlas. Con el lleno del lugar, el fresco del aire acondicionado se disipó entre el bullicio de la gente, las risas, la música, el humo de cigarrillo y el estruendo.

Fue en ese momento cuando experimenté ráfagas de calor que atravesaron mi cuerpo. Mi corazón latía con fuerza, mis manos estaban frías y sudorosas, y mis palabras se trabaron al intentar hablar. Mis manos temblaban, y me vi obligada a acercarme a Óscar, un amigo de toda mi confianza, para confesarle: 'Óscar, me siento mal. Tengo ganas de salir corriendo. No puedo hablar bien, se me va la respiración. Necesito salir ya, por favor. Acompáñame'."

"Rápidamente buscamos la salida hasta que finalmente llegamos. Comencé a inhalar y exhalar profundamente, y a medida que pasaba el tiempo, logré calmarme. Afortunadamente, él estaba a mi lado, brindándome apoyo. Me comentó que posiblemente me había bajado la presión, a lo que respondí: 'Posiblemente, no me siento bien. Prefiero regresar a casa'. Él, comprensivo, dijo: 'No te irás sola. Te acompañaré hasta tu casa'.

En este punto, ya estaba empezando a comprender que algo no estaba bien. Pensé que podría estar enferma del corazón, que podría sufrir un derrame cerebral o que mis pulmones podrían estar fallando. En fin, mi mente se llenaba de pensamientos sobre diferentes enfermedades. Decidí someterme a un chequeo general con diversos especialistas, como el cardiólogo, ginecólogo, médico internista, e incluso me realicé un electroencefalograma. Para mi sorpresa, todos los resultados salieron perfectos."

¿Qué es un electroencefalograma?

Un electroencefalograma es una prueba que mide y registra la actividad eléctrica en el cerebro la presencia de cambios en el patrón normal de la actividad eléctrica puede indicar ciertas afecciones como alteraciones de todo el cerebro o algunas crisis o lesiones difusas.

Un ataque de pánico es un episodio repentino de "miedo intenso" que provoca reacciones físicas graves, incluso cuando no hay ningún peligro real o causa aparente. Estos ataques generan una sensación abrumadora de miedo, pérdida de control y la creencia de que se está experimentando un ataque cardíaco o que la muerte es inminente."

Uno de los, médicos me dijo que posiblemente haya tenido un ataque de pánico

Con el tiempo, los ataques de pánico se volvieron más frecuentes. Solo dos amigas, mi esposo y yo sabíamos lo que estaba pasando; no quería que nadie más se diera cuenta. Cuando el doctor me aseguró que todo estaba bien, una sensación de confusión y miedo se apoderó de mi mente. Me preguntaba a mí misma: ¿Qué me está pasando? ¿Estoy volviéndome loca? Decidí investigar más sobre los ataques de pánico y buscar remedios naturales para calmar mi sistema nervioso, como el famoso té de manzanilla, pasiflora, entre otros. Obviamente, estos intentos no dieron resultado."

"Una tarde, mi esposo conducía hacia la zona hotelera. En el interior del auto, íbamos mi hija Dani y yo. De repente, comenzó a apoderarse de mí una desesperación. Afortunadamente, yo estaba en la parte trasera del auto y solo había dos puertas. Mi corazón latía con fuerza, mi cuerpo vibraba, y el miedo se apoderaba de mí, al punto de sentir que estaba a punto de morir. Desesperada, intenté alcanzar la palanca de la puerta del auto, porque sentía la urgencia de salir. Mi esposo, desconcertado, me preguntó: '¿Qué haces? ¿Qué te pasa? Vamos a chocar'. Sin comprender lo que sucedía, logró apartarse de los demás autos hasta que finalmente se estacionó. Yo desesperada bajé del auto, respiré el aire me hinqué y empecé a llorar como una niña que su padre abandona.

"Así, después de experimentar más ataques de pánico, llegué a un punto en el que no sabía cuándo ni dónde se desencadenaría. Sin embargo, había captado que los espacios cerrados con multitudes me aterrorizaban. Opté por evitarlos por completo."

"Queridos lectores, ¿recuerdan que después de unas vacaciones en Cancún, mi padre falleció al regresar a Orizaba? A pesar de sentirme con fuerzas suficientes para llevar a cabo los trámites desde mi llegada al hospital, velorio, funeral, etc., sus últimos días disfrutando con él dejaron un gran vacío en mi corazón. Su ausencia se hizo evidente; lloraba mucho y repetía: 'Papá, te extraño. ¿Por qué te fuiste? Me haces tanta falta'.

Lo llevaba siempre en mi mente y en mis pensamientos."

"Ahora entiendo lo que me estaba sucediendo; el cuerpo es como una bomba de tiempo. Si no abordamos un problema o una situación, es probable que regrese. El recuerdo de mi padre y las dificultades en mi relación con mi esposo se entrelazan. Yo era el sostén económico de la casa, mientras él carecía de sueños, logros y mostraba un gran desinterés. Con cada esfuerzo que hacía para mejorar las cosas, él se consumía como una vela, y su apoyo en nuestro hogar disminuyó. Desde que comenzaba mi día hasta que terminaba, tenía que avanzar en mis proyectos, pero él se volvía una carga. Estaba tan centrada en mis responsabilidades, tanto en casa como en el trabajo, que tener a alguien tan irresponsable a mi lado se volvía un peso. algunas veces participaba en algún área de nuestra vida familiar."

"Me esforzaba en exceso y siempre pensaba en el futuro, sintiendo que podríamos resolver los problemas financieros y las responsabilidades que se avecinaba. Sin embargo, este enfoque constante en el mañana comenzó a generar en mí una gran ansiedad. Día tras día, experimentaba la misma sensación. Fue entonces cuando comprendí que estaba lidiando con la ansiedad. Mis preocupaciones eran abrumadoras; me sentía constantemente nerviosa y nunca lograba relajarme. Controlar esas inquietudes se volvía difícil. La ansiedad estaba presente a diario, a menudo acompañada de ataques de pánico.

"Queridos lectores, permítanme describirles cómo me sentía. Experimentar un ataque de pánico era como encender una bomba que explotaba instantáneamente. En cuanto a la ansiedad, la comparo con una bomba de tiempo; enciendes la mecha, pero en lugar de explotar de inmediato, la mecha continúa ardiendo. La explosión final llega con los ataques de pánico. Recuerdo que estos eran una presencia constante, ocurriendo todos los días y a todas horas. La ansiedad se manifiesta en el autobús, al caminar, incluso me generaba miedo viajar o simplemente caminar sola por las calles. A pesar de todo, tenía que llevar a cabo una vida normal, actuar como una persona común y corriente, trabajar y cumplir con las responsabilidades diarias."

"Necesitaba hacer algo para mitigar estas sensaciones, así que decidí inscribirme en un club deportivo y utilizar las instalaciones, además de tomar clases de natación. Sin embargo, cuando tomé mi primera clase de natación y nos daban las instrucciones, al ver una enorme alberca semiolímpica, sentí un escalofrío y las piernas se me erizaron. Éramos alrededor de diez alumnos, y nos proporcionaron los implementos necesarios para las primeras lecciones. Aunque traté de realizar la primera clase, regresé a casa.

Ese día, de vuelta a casa, pensé que me sentiría mejor descansando en mi cama, pero la ansiedad continuaba como si fuera mi compañera constante. Así inicié mi camino con mi amiga ansiedad. Las clases de natación me aterraban; entrar al agua me generaba pánico. Recuerdo cuando era pequeña y mi padre le pidió a uno de sus trabajadores que nos enseñara a nadar a mis hermanos y a mí. Tenía alrededor de seis años cuando nos llevó a un ojo de agua en Orizaba. Durante mi turno, me tomó de los brazos y, sin previo aviso, me sumergió, dejándome bajo el agua. Desesperada por salir, rasguñe sus brazos para hacerle entender que me sacara. Cuando finalmente dejó de sumergirme, salí tosiendo y muy asustada, soltando un llanto desgarrador. Las emociones desequilibradas y acumuladas en mi cuerpo estaban manifestándose "Ahora entiendo por qué me daba miedo el agua, el trauma que me causó este episodio.

¿Qué es un trauma emocional? Son eventos extraordinarios que se desvían de la experiencia humana común. Generalmente, provocan reacciones emocionales, físicas, conductuales y espirituales en quien los vive. Eso fue precisamente lo que me sucedió. A pesar de ello, decidí seguir con mis clases en el deportivo. Hubo un poco de avance, pero el miedo persistía. Sumado a la ansiedad, experimentaba un desequilibrio mental y corporal a lo largo del día.

Pasó el tiempo, y a pesar de mis pensamientos distorsionados, continué yendo al gimnasio, asistiendo a clases de natación y practicando el trote. Mis temores eran intensos, a veces pensaba que iba a morir o que me pasaría algo. Las noches eran un desafío; a veces podía dormir, a veces no.

A través de unos amigos, me invitaron a practicar meditación. Nunca lo había hecho antes, pero al experimentar con el grupo, noté que era muy bonito y relajante todos eran muy amables. Comencé a practicar una forma de meditación llamada metafísica."

"¿Qué es la metafísica? La metafísica es una rama de la filosofía que se dedica al estudio de los problemas centrales del pensamiento filosófico, abordando cuestiones como el ser, el absoluto, Dios, el mundo y el alma. En esta línea, busca describir las propiedades fundamentales, condiciones y causas primeras de la realidad, así como su sentido y finalidad.

En la vida diaria, la metafísica nos ayuda a desarrollar mentes positivas que nos conduzcan a comprender la relación del ser humano con el cosmos. La metafísica para todos está interconectada con el desarrollo personal y el crecimiento de la conciencia, proporcionando mayor plenitud."

"Me esforzaba por seguir la meditación según las indicaciones, pero la concentración resultaba una tarea ardua. Mis pensamientos se entrelazan caóticamente, desviándose en todas direcciones. A pesar de las dificultades, perseveraba en la meditación, convencida de su capacidad para inducir relajación. Cada día, aunque desafiante, me sentía más conectada con la práctica, un destello de mejoría que se volvía mi faro de esperanza.

La ansiedad me envolvía como un manto diario, una carga constante que llevaba sobre mis hombros. En ocasiones, pensamientos negativos se colaban, atormentándome con la idea de poner fin a mi sufrimiento.

Los problemas con mi esposo eran cada vez más incompatibles y la distancia emocional crecía y su presencia se hacía más esquiva. La carga laboral que llevaba en casa contribuía a que mis emociones se descontrolan. Mi salud física empezaba a deteriorarse; sentía la presión desvanecerse y temía desplomarme. Noches tras noche, mi cuerpo y alma parecían separarse; mi cuerpo yacía en la cama mientras mi esencia flotaba, observando mis emociones desplegarse frente a mí. Los días se sucedían sin descanso, mirando cómo los demás dormían mientras yo me sumía en la vigilia.

La desesperación me invadió durante veinte noches interminables. Esperar el amanecer se volvió mi única rutina, anhelando poder ponerme la ropa deportiva y salir a trotar, una rutina que solía reconfortarme. Sin embargo, el desgaste anímico me impidió seguir este hábito. La decisión de buscar ayuda médica se volvió inevitable, un paso necesario para recuperar el control de mi vida.

## Capitulo: 4

## Negación y aceptación

Ya me habían sugerido previamente que consultara a un profesional de la Salud Mental, pero me resistía. Aunque enfrentaba una avalancha de sentimientos y experiencias, me costaba aceptar que algo estuviera mal en mi mente, en mis pensamientos y emociones. Prefería creer que era una cuestión física.

Finalmente, un día decidí enfrentar la realidad y acudir al médico. No opté por un especialista en

Salud Mental de inmediato; en cambio, elegí visitar a un médico internista y general. Mi nivel de preocupación, estrés y desesperación me impulsaron a solicitar una consulta. Afortunadamente, el médico me recibió con amabilidad y paciencia. Le narré todo lo acontecido durante ese período, desde las 20 noches sin dormir. Él escuchó con atención, dedicando tiempo a comprender mi situación.

Con sinceridad, me indicó que era afortunada de no haber salido a correr durante esas noches sin dormir. Me explicó que, con un sistema inmunológico debilitado, podría haber sufrido un infarto. Además, me reveló que emocionalmente, cualquier situación o enfermedad física podía manifestarse en cualquier momento. Prescribió un medicamento llamado S.., asegurándose que me proporcionaría tranquilidad y facilitaría un sueño reparador. No obstante, me aconsejó con insistencia que concertara una cita con un psiquiatra lo más pronto posible, reconociendo la importancia de abordar la salud mental de manera específica y especializada. Fue un paso crucial hacia la aceptación y el inicio de mi proceso de recuperación.

¿Qué es un Psiquiatra?

Los psiquiatras son profesionales especializados en la evaluación, diagnóstico y tratamiento de pacientes que enfrentan problemas de salud mental. Su alcance abarca una amplia variedad de trastornos, como depresión, trastornos alimentarios, ataques de pánico, ansiedad, abuso de drogas y alcohol, fobias, esquizofrenia, entre otros. La labor del psiquiatra implica no solo diagnosticar trastornos mentales graves, sino también seguir la evolución de los aspectos físicos relacionados con los problemas psicológicos.

La implementación de pastillas resultó ser una solución altamente efectiva para mí. En apenas una semana, experimenté mejoras significativas y comencé a recuperar la capacidad de dormir. Me sentía agradecida y afortunada por haber dado el paso inicial en mi proceso de recuperación.

Quisiera aclarar a mis queridos lectores que, en mi libro, no proporcionó detalles sobre los medicamentos específicos que me fueron recetados. Mi intención no es recetar ni diagnosticar síntomas a ninguna persona. Más bien, comparto mi testimonio con la esperanza de que este mensaje sirva como una alerta. Si ustedes, un familiar o un amigo experimentan síntomas similares, no duden en buscar la ayuda de un especialista en salud mental de inmediato.

Así transcurrieron los días, completé el tratamiento que el médico anteriormente había destacado y concerté mi primera cita con el especialista, el médico psiquiatra. Este paso marcó un hito crucial en mi viaje hacia la recuperación.

Un día antes de asistir a la cita

La imagen de las personas "locas" en una institución de salud mental invadió mi mente, una imagen perpetuada por películas en las que los personajes se ven atrapados en camisones blancos, amarrados de los brazos. Dudé asistir, pero mi intuición interior insistía en que debía hacerlo.

En la consulta con la psiquiatra

Frente a su escritorio, la doctora me instó a compartir mis sentimientos. Desplegué el pergamino de mis emociones y expliqué los resultados del tratamiento que me había recomendado el médico anterior. Aunque la doctora elogió la eficacia de ese tratamiento, afirmó que, para enfrentar este tipo de desafíos, necesitaba la orientación de un psiquiatra. Me receto el nuevo medicamento aumentar debía tomarlo tres veces al día, y agendamos una cita para evaluar su eficacia en 15 días.

## Desafíos con el nuevo medicamento

Pasaron los 15 días, y aunque el medicamento me proporcionaba cierta tranquilidad y me inducía al sueño, los pensamientos negativos y la ansiedad persistían. En la siguiente cita, la doctora decidió aumentar la dosis. El rápido ajuste de la medicación me sorprendió y me desmotivó. Aunque ansiaba mejoras inmediatas, entendí que el proceso de recuperación tiene su propio ritmo.

## La decisión de dejar la medicación

Durante el tiempo que tomé el medicamento, no me sentía completamente segura de su idoneidad para mí. Opté por dejarlo, cometiendo un error que intensificó mis síntomas y mi ansiedad. Las opiniones de quienes me rodeaban, advirtiéndole sobre los peligros de los medicamentos, resonaban en mi mente. Decidí explorar remedios caseros, como las Flores de Bach y la homeopatía, con la esperanza de encontrar una solución más natural. Sin embargo, estos intentos no resultaron efectivos.

No menosprecio las terapias alternativas, que pueden ser beneficiosas en muchos casos. En mi situación, sin embargo, comprendí que mi desequilibrio físico requería una intervención más específica. Aunque inicialmente resistí los tratamientos convencionales, reconocí la necesidad de buscar una solución adecuada para mí, priorizando mi salud mental y física.

La decisión de no volver con la psiquiatra fue personal ya que no sentí ninguna mejoría y pues imaginaba Que ella iba a ser más empática conmigo pues este tipo de personas como nosotros emocionalmente estamos afectadas y realmente nos hace falta ese apapacho e esa comprensión de un especialista hacia un paciente es mi humilde opinión. Por un corto tiempo que pasó me negaba yo de nuevo hacer una cita con otro psiquiatra. Amigos más cercanos les comentaba mi situación y pues recibía más más opiniones acerca de con quién ir qué hacer Así que decidí consultar a un neurólogo.

Qué es la neurología Es una rama de la medicina que estudia el sistema nervioso específicamente se ocupa de prevenciones diagnósticas y tratamientos y rehabilitación de todas las enfermedades que incluyen el sistema nervioso central sistema nervioso periférico y el sistema nervioso autónomo

Pues hice la primera cita con el médico neurólogo y médico internista.

En la primera consulta con el neurólogo

Durante la primera consulta, mi neurólogo llevó a cabo una evaluación integral para comprender el estado de mi sistema nervioso. La atención fue completamente personalizada, adaptada a mi cuadro clínico. Con amabilidad, escuchó atentamente mis experiencias y me advirtió sobre la importancia de la paciencia. Explicó que el medicamento que empezaría a tomar requeriría entre 6 y 8 semanas para mostrar efectos significativos. Subrayó la responsabilidad en la toma de los medicamentos a las horas indicadas y enfatizó la necesidad de no interrumpir el tratamiento de manera abrupta.

Mi neurólogo me prescribió dos medicamentos: el primero con el nombre de P… y el segundo con el nombre de C…. Explicó que ambos eran fármacos eficaces y bien tolerados, particularmente diseñados para el tratamiento agudo de pacientes con trastornos de pánico, depresión y, según su diagnóstico, ansiedad generalizada.

Reacción de los medicamentos y papel de la serotonina

Ambos medicamentos, P… y C…, trabajan para regular los niveles de serotonina en el cuerpo. La serotonina, conocida como la "hormona de la felicidad", desempeña un papel crucial en los circuitos neuronales, generando sensaciones de bienestar, relajación, satisfacción y aumentando la concentración y la autoestima. Niveles bajos de serotonina se asocian con síntomas como depresión, fatiga, actitud negativa, irritabilidad, cambios de humor, dificultad para controlar la ira, insomnio, dificultad de concentración, ansiedad, baja habilidad emocional y falta de satisfacción sexual

Próxima cita y seguimiento médico

El médico programó la próxima cita para dentro de un mes y me aseguró que no dudaría en llamarme si la situación lo ameritaba. Esta atención personalizada y el seguimiento continuo proporcionaron un sentido de seguridad y cuidado en mi proceso de recuperación.

De esta manera, al comenzar con los antidepresivos, se iluminó un sendero en mi vida de esperanza

## Capítulo: 5

## Cómo Afronte Mis Trastornos Emocionales

Después de seis largos años desde mi primer ataque de pánico a principios de 1995, tomé la valiente decisión de dejar atrás los remedios caseros y enfrentar mis trastornos emocionales. No era porque despreciará los remedios naturales, sino porque mi condición había empeorado, y era hora de superar la vergüenza y las críticas para pensar en mí por primera vez.

Las primeras semanas del tratamiento fueron críticas; mis síntomas se intensificaban, y la sensación de estar fuera de mi cuerpo, angustiada y con un miedo abrumador persistía. A pesar de ello, continué con el tratamiento, recordando las palabras del médico sobre la importancia de la paciencia. Seguí con mi vida normal, trabajando, ocupándome de las labores del hogar y practicando las meditaciones de metafísica.

En un día particular, después de una sesión de meditación, decidí hablar con mi maestro. Con amabilidad, me llevó a un lugar tranquilo de su casa, donde estábamos solo ella y yo. Le compartí todo lo que estaba experimentando, y ella, con sabiduría, me dijo que tenía un don, que era muy perceptiva, pero que aún no lo había desarrollado.

Explicó que todos somos energía y luz, y que yo había absorbido energías que no me pertenecían. Se ofreció a ayudarme, y con confianza, me dijo: "Nos vemos dentro de 8 días en la meditación".

Los días transcurrieron, a veces sintiéndome bien, otras mal, pero confiando en que el medicamento estaba haciendo su trabajo. Finalmente, llegó el día de la meditación. Mi maestro reunió a más practicantes y nos organizó en un círculo. Me indicó que me recostara en el centro y siguiera la meditación, mientras mis compañeros debían estar receptivos y enviarme amor, energía y pensamientos de salud y conexión con los colores que ella había mencionado.

La meditación fue una experiencia intensa. Sentí emoción en mi corazón, lágrimas en mis ojos y experimenté la luz de diferentes colores recorriendo mi interior, creando un brillo inigualable. Al finalizar, vi cómo todos me miraban con un amor desbordante. Agradecí profundamente y, al salir, sentí destellos de colores brillantes saliendo de mis ojos y un cuerpo ligero e inexplicable.

Al día siguiente, desperté sintiéndome igual, pensando que todo había sido momentáneo. Sin embargo, ya llevaba dos semanas de tratamiento y comencé a notar una ligera mejoría. Podía descansar más. Pero algo extraordinario sucedió la mañana siguiente; me desperté sintiéndome completamente yo. Mi cuerpo y el otro cuerpo que parecían haber estado separados, se encontraron de nuevo. Me sentía completa, con mi alma, mente, cuerpo, manos y pies. Quedé impactada; la meditación había hecho su efecto en tan solo dos días. En ese momento, agradecí a Dios por este primer paso hacia la recuperación. Estaba agradecida con mi maestro y mis compañeros; el trabajo fue realmente efectivo. Todos somos energía, todos somos amor, y al enviar la luz de Dios, todo puede hacerse realidad si tenemos fe.

Así, continué mi camino, paso a paso, preguntándome qué había detonado esta tormentosa enfermedad en mi cuerpo y mente. Sabía que la meditación me estaba ayudando, y estaba decidida a no faltar a ninguna sesión después de haber encontrado nuevamente mi otra yo. La meditación se volvía una herramienta y disciplina que no pensaba dejar.

Investigaciones han demostrado que la meditación puede ayudar a redirigir la atención, gestionar emociones e impulsos, aumentar la comprensión de las causas detrás de ellas y mejorar la calidad de vida. Además, mejora la neuro plasticidad cerebral y aumenta la compasión y empatía. Los estudios científicos que respaldan el uso de la meditación y sus efectos sobre la salud revelan una técnica milenaria efectiva para la autosanación y autogestión del bienestar.

Continuación de la Búsqueda:

A pesar de los desafíos y acontecimientos que marcaron mi vida, llegó un día en el que buscaba desesperadamente una solución. Aunque exteriormente luchaba por salir adelante en muchos aspectos, internamente me sentía totalmente vulnerable, experimentando soledad, tristeza y lágrimas constantes. A cada día, le pedía a Dios que me sanara y que encontrara un sentido en mi vida.

Mi enfoque estaba centrado en mis propios sentimientos, sin prestar atención a lo que sucedía con los demás a mi alrededor: mi familia, hermanos, primos, tíos, amigos y, por supuesto, mi amada hija. Aunque mi esposo era un apoyo emocional, su responsabilidad económica como sostén de la familia era casi nula.

Esta etapa de mi vida reflejaba una lucha interna intensa, donde las emociones y la búsqueda de sentido se entrelazan

La soledad y la tristeza eran compañeras constantes, y mi conexión con la realidad estaba marcada por una necesidad urgente de sanación y propósito.

Con el paso de los días, experimenté una leve mejoría hasta que llegó el día de mi segunda sesión con el médico. Durante esta consulta, hizo una serie de preguntas para evaluar mi estado, indagando sobre cómo me estaba sintiendo y si estaba siguiendo la dosis indicada del medicamento.

Además de ajustar la medicación, el médico proporcionó varias recomendaciones para mejorar mi bienestar general. Me aconsejó adoptar hábitos alimenticios más saludables, reducir el consumo de azúcar e incluso eliminarlo por completo. También sugirió realizar ejercicio, aunque de bajo impacto, proponiendo caminar y hacer estiramientos. Además, me aconsejó evitar ver películas de terror, noticias o sucesos dramáticos que pudieran alterar mi sistema nervioso. También me recomendó abstenerse de asistir a lugares como panteones o visitar hospitales y reducir o eliminar el consumo de café.

El médico enfatizó que estas recomendaciones eran temporales, destinadas a proteger mi salud mientras los medicamentos surtían efecto. La combinación de ajustes en la medicación y cambios en mi estilo de vida constituían una estrategia integral para abordar mi situación.

El médico también me sugirió la importancia de complementar el tratamiento con sesiones de terapia psicológica. Señaló que, a medida que me sintiera mejor con el tratamiento, las terapias serían fundamentales para recuperar mi estado de ánimo y superar las barreras que me agobiaban, ya fuera del pasado o la niñez. En particular, me recomendó considerar la terapia cognitivo-conductual, destacando su eficacia.

La terapia cognitivo-conductual, en manos de un psicólogo especializado, podría ayudarme a prevenir recaídas de síntomas de enfermedades mentales, tratar la enfermedad mental cuando los medicamentos no eran suficientes, aprender técnicas para lidiar con situaciones estresantes e identificar formas de controlar las emociones. Esta forma de terapia se centra en cambiar patrones de pensamiento y comportamiento negativos para fomentar una perspectiva más saludable y habilidades de afrontamiento efectivas.

Además, el médico mencionó que la terapia cognitivo-conductual era una opción muy efectiva y que debería considerarla como parte integral de mi proceso de recuperación.

La terapia cognitivo conductual te ayuda a tomar conciencia de pensamientos imprecisos o negativos para que puedas visualizar situaciones exigentes con mayor claridad y responder a ellas de forma más eficaz

¿Qué tipo de técnica se utiliza en la terapia conductual

La exposición es la técnica conductual más importante para el tratamiento de los trastornos de ansiedad, está basada en el principio de que la ansiedad se mantiene por la evitación al estímulo que causa miedo.

¿Qué problemas resuelve el conductismo?

El conductismo, en particular la Terapia Cognitivo-Conductual (TCC), se utiliza para abordar una variedad de problemas y trastornos psicológicos. Algunos de los problemas que la TCC puede ayudar a resolver incluyen:

Trastornos de Ansiedad: La TCC es efectiva para tratar fobias, trastorno de ansiedad generalizada, trastorno de pánico, trastorno obsesivo-compulsivo (TOC) y trastorno por estrés postraumático (TEPT).

Depresión: La TCC se ha utilizado exitosamente para tratar la depresión, ayudando a cambiar patrones de pensamiento negativos y fomentando comportamientos positivos.

Trastornos Alimentarios: En casos de anorexia nerviosa, bulimia nerviosa y otros trastornos alimentarios, la TCC puede ser útil para cambiar patrones de pensamiento y comportamientos relacionados con la alimentación.

Problemas de ira: La TCC puede ser aplicada para abordar problemas de control de la ira, ayudando a identificar y cambiar pensamientos comportamientos que contribuyen a la expresión inapropiada de la ira.

Problemas de Relación: En el ámbito de la terapia de pareja, la TCC puede ser valiosa para abordar problemas de comunicación y mejorar la dinámica relacional.

Trastornos del Sueño: Problemas como el insomnio pueden ser tratados con enfoques cognitivo-conductuales que aborden los patrones de pensamiento y comportamiento asociados con el sueño.

Manejo del Estrés: La TCC proporciona herramientas para identificar y cambiar patrones de pensamiento negativos, promoviendo estrategias efectivas de afrontamiento frente al estrés.

Problemas de Autoestima: Ayuda a abordar pensamientos distorsionados sobre uno mismo y a desarrollar una autoimagen más saludable.

Es importante destacar que la TCC es un enfoque versátil que se adapta a una variedad de problemas y puede ser personalizada para satisfacer las necesidades individuales de cada persona. La duración del tratamiento suele ser más breve en comparación con otros enfoques terapéuticos, lo que la convierte en una opción popular para tratar problemas específicos y concretos.

Mi fe estuvo siempre latente de que esto pasaría me puse a pensar que pude haber evitado Mucho sufrimiento por tantos años pero a veces los pensamientos y las consecuencias de cuando te dicen que los medicamentos te van a afectar no tenía yo conocimiento exacto de Qué era lo que me estaba pasando por lo consiguiente pensaba que con el tiempo yo iba a estar bien El haber tomado mi decisión después de no haber dormido durante 20 noches y decidir hacer la primera cita con el médico y el psiquiatra después neurólogo y psicólogo El Despertar hacia mi recuperación a enfrentar a superar mis trastornos emocionales

Conforme iba pasando el tiempo los medicamentos estaban haciendo una reacción efectiva y me sentía yo totalmente diferente las sesiones con el psicólogo eran una parte de la cual estaba transformando mi vida Y al generar un cambio de manera positiva aprendí que al poder enfrentarme a cualquier situación de mi vida podría superar todos los traumas emocionales que me había venido arrastrando de mi pasado.

Yo continuaba con el medicamento mis terapias continuaban ya veía con más claridad las cosas los pensamientos negativos eran cada día menos cada día sonría un poco más la ansiedad había disminuido, Pero había otras cosas que tenía yo que superar porque aún me faltaba mucho camino por recorrer-

En una ocasión unas amistades me invitaron a un temazcal

¿Qué es un temazcal? El temazcal es un antiguo ritual prehispánico y, a su vez, un baño de vapor de hierbas medicinales y aromáticas utilizado en la medicina tradicional y en la vida cotidiana de los pueblos del centro de México. Entrar a un temazcal va más allá de sumergirse en vapor; simboliza adentrarse en la tierra, en la diosa madre que nos sustenta y da vida. Al ingresar, nos encontramos en el vientre de la madre tierra, representado por su forma de domo de dimensiones reducidas.

Existen temazcales diseñados para albergar aproximadamente 10, 5 o 12 personas. La primera vez que participé, sentí un temor abrumador, recordando mi incomodidad en espacios cerrados y multitudes. Antes de ingresar, compartí mis preocupaciones con el guía del temazcal. Con tranquilidad, me aseguró: "No te preocupes, te cuidaremos. Entrarás al final". Así, mientras mis compañeros ingresaban uno a uno, yo aguardaba mi turno con nerviosismo.

Dentro del temazcal, se abren cuatro puertas a intervalos regulares. El chamán, quien dirige la ceremonia, nos habla del vientre materno mientras en el interior se encuentra una mezcla de agua con hierbas medicinales. En el centro, un hoyo alberga piedras ardientes. Mientras el vapor se desprendía, mi ansiedad aumentaba. A punto de salir, recordé las palabras alentadoras del guía. Me concentré en inhalar y exhalar profundamente, ignorando el agobio. Cuando abrieron la puerta, recibí un aplauso reconfortante.

Repetimos este proceso varias veces. Cada vez, la ansiedad cedía un poco más. En la última entrada, experimenté una liberación y paz que no sentía desde hacía años. Quince días después, decidí enfrentar el temazcal de nuevo. Esta vez, la experiencia fue completamente diferente. Sin miedo, disfruté cada momento y me sentí satisfecha. Esta vivencia marcó un avance significativo para mí. Al subir a un elevador o enfrentarme a multitudes, ya no sentía la urgencia de huir. Había dado un paso importante hacia adelante en mi vida.

Estaba tan contenta de mi avance en todo lo que estaba yo haciendo que cada día me impulsaba a seguir buscando mi sanación para poder avanzar y superar mis demonios internos.

Así que continúe mi camino y me inscribí a clases de yoga que me recomendaron.

¿Qué es el yoga?

Esta práctica utiliza posturas físicas, ejercicios de respiración y meditación para mejorar la salud general. El yoga se desarrolló como una práctica espiritual hace miles de años. Hoy en día, la mayoría de las personas en occidente que practican yoga lo hacen como ejercicio o para reducir el Reduce el estrés y la ansiedad

Los beneficios del yoga no se limitan al cuerpo, sino que también se extienden a la mente.

Así que, inicié con las prácticas de esta disciplina y seguí adelante, complementando mi ejercicio habitual que era el trote. A medida que avanzaba en mi vida, cada día las sensaciones iban disminuyendo; mi estado físico se estaba normalizando. La paciencia y la disciplina se volvieron mis aliadas, haciendo que cada día diera un paso más hacia adelante para no retroceder. Continuaba con las labores del hogar y mi trabajo habitual profesional para salir adelante en mi economía.

Las terapias estaban funcionando, el medicamento estaba haciendo cambios químicos en mi cerebro para poder comprender e ir asimilando que mi vida estaba encontrando un sentido. Era tan impresionante todo lo que me estaba sucediendo hasta que un día me asaltaron. Tenía un negocio, y entraron en el local poniéndome un cuchillo en la cintura, amenazando con matarme si no les daba el dinero y pertenencias que tenía. En ese momento, un poco asustada, seguí las indicaciones de los asaltantes. Tomaron mis pertenencias y se fueron. Esta fue la prueba de que todo lo que estaba haciendo estaba funcionando, ya que, si hubiera sido en un momento anterior, creo que me hubiera desmayado o dado un ataque de pánico. Solo comuniqué a mis vecinos lo que había pasado y fui a levantar la denuncia.

Así continuaban mis días, eran casi normales. Mi sonrisa volvió a regresar a mi rostro, y seguía aferrándome a enfrentar mis traumas emocionales.

Hasta que un día me invitaron a formar parte de un equipo en una compañía de Estados Unidos que había tomado una concesión en una compañía naviera turística muy importante en el mundo.

Queridos lectores, ¿recuerdan lo que pasé en mi niñez cuando uno de los empleados de mi padre me sumergió al agua sintiendo que me ahogaba? ¿Y cuándo tomé las clases de natación y sentí un terror inmenso cuando me estaban enseñando a nadar? Pues era hora de enfrentarlo, el miedo que tenía al haber pasado por esa experiencia de mi niñez.

La propuesta de aplicar para trabajar en un barco iba a marcar un cambio radical en mi vida personal. No lo pensé y sabía a lo que me iba a enfrentar, pero tenía que hacerlo. Así que me puse en contacto con la compañía para seguir las instrucciones y poder pasar los filtros que me pedían.
Afortunadamente, fui seleccionada un 14 de febrero.

Emocionada al haber sido aceptada en la compañía, anticipa con ansias el siguiente paso. La fecha determinada para estar en Las Vegas se acercaba, y con ella, la oportunidad de un curso junto a mis compañeros. Durante esos 15 días de preparativos, vacunas y maletas listas, sentía que cada paso me acercaba más a mi nueva travesía. Pero una noche, antes de partir, compartí una cena en un restaurante con mi hija. Sentadas frente a la televisión, el destino tenía preparada una sorpresa. La película "Titanic" se proyectaba, y de repente, las imágenes del vasto océano y la tragedia de Jack resurgieron. Aquel miedo profundo que creí haber superado se apoderó de mí. Mi hija, conocedora de mi historia, notó mi inquietud y me tranquilizó. Así, entre lágrimas y susurros, enfrenté mis temores ante la magnitud del viaje que se avecinaba. La aceptación de ese desafío no solo implicaba navegar en barco, sino también surcar las aguas turbulentas de mis propios recuerdos. Ese instante fue un recordatorio de mi valentía, un paso decisivo hacia la superación personal que marcó el inicio de una travesía emocional tan impactante como el vasto mar que estaba por explorar durante 7 largos meses.

En medio de la inmensidad del océano, la presencia de ángeles en forma de compañeros y simulacros regulares me dieron fuerzas. A pesar de mis terrores internos, lograba enfrentar cada situación de emergencia. Mis momentos de reflexión frente al mar, aunque a veces plagados de desesperación, se volvieron un ritual diario para mantener mi enfoque y superar los pensamientos negativos.

Mi llegada a Cancún marcó el final de una travesía interior. Redescubrí el mar y las piscinas con una nueva perspectiva, lista para disfrutar de lo que antes me atemorizaba. Las visitas a Cozumel, atravesando en barco, demostraron que el miedo podía superarse. El tránsito entre Playa del Carmen y Cozumel se convirtió en la prueba final, consolidando la victoria sobre mi antiguo temor. Cada ola, cada experiencia, se sumaron a una travesía que transformó mis miedos en liberación y fortaleza.

## Capítulo 6

## Mi Búsqueda Espiritual

A pesar de los intensos vaivenes emocionales que marcaron mi camino, siempre anhelé ese encuentro espiritual con Dios. Mi fe nunca flaquea, pero la sensación de que Él estaba distante persistía.

Mi búsqueda se volvió insaciable, tal vez alimentada por los desafíos que enfrentaba; deseaba fervientemente ser escuchada por Dios. Nací y crecí en una familia católica, recibiendo una educación en una escuela de monjas, donde el eco de la iglesia resonaba durante gran parte del día. Esta fue la formación que mis padres eligieron para mis hermanas y para mí, una elección que, siendo adulta, agradezco profundamente.

En mi etapa adulta, decidí explorar otras sendas espirituales, aceptando una invitación de una amiga inmersa en la religión cristiana. Al participar en sus reuniones, presencié la expresión única de la fe: la gente bailaba, saltaba y, al orar, caía al suelo, envuelta en la presencia divina.

Aunque la congregación irradiaba amabilidad y comodidad, yo no experimentaba la conexión espiritual que afirmaban sentir. No obstante, perseveré y, acercándose mi cumpleaños, compartí con mi amiga el deseo de organizar una reunión en mi hogar, extendiendo la invitación a algunos miembros de la congregación. Su entusiasmo fue palpable.

La fiesta se gestaba como un encuentro íntimo, un estilo lounge donde la música y la espiritualidad se entrelazarían. Amigos cantarían, tocarían la guitarra, y contamos con la presencia de músicos talentosos, incluyendo a una violinista y una flautista. Propuse a mi amiga ser la maestra de ceremonias, a lo que aceptó con alegría.

La celebración, concebida como un vínculo entre lo espiritual, lo musical y la amistad, prometía ser un capítulo memorable en mi búsqueda de lo divino.

Llegó el día esperado de la reunión, la mañana estaba fresca cuando, de repente, sonó el teléfono. Al contestar, era mi amiga, saludándome con una voz preocupada. Me anunció que ninguno de los miembros de la congregación, un grupo de 12 personas a los que había invitado podría asistir. Me explicó que era una orden directa del pastor.

Intrigada, le pregunté qué sucedía. Su respuesta me dejó perpleja: el pastor había dictaminado que no podían asistir porque en mi casa había un temazcal y practicaba yoga, lo cual no era aceptado en la congregación.

Me sorprendió que alguien al mando de la congregación tuviera el poder de decidir lo que estaba permitido o no, especialmente cuando el yoga es una práctica que beneficia tanto la salud física como mental y es accesible para cualquier persona. A pesar de mi desconcierto, agradecí a mi amiga por ser honesta y le dije que no quería que asistiera por compromiso.

Ya no quería que me ordenaran seguir indicaciones de un ser humano que es igual que yo y con mismos defectos y virtudes tenía que hacer lo que él decía

Era hija de un alcohólico y los hijos de alcohólicos somos alcohólicos pasivos ya que nuestras emociones gobiernan nuestro cuerpo y si no seguimos una terapia adecuada podemos caer en el alcoholismo fui a una sesión de AA (ALCOHÓLICOS ANÓNIMOS)

El (la) coordinador(a) abre la reunión con el Preámbulo de A.A. y unas palabras. En algunas reuniones se pide un momento de silencio o se recita la Oración de la Serenidad. El (la) coordinador(a) a menudo pregunta si hay alguna persona que sea nueva en A.A. que quiera presentarse. No es obligatorio identificarse, pero si es su primera reunión, es una buena idea hacerlo. Muchas reuniones comienzan con una lectura del Libro Grande, frecuentemente una parte del Capítulo 5 ("Cómo funciona"), o bien el Capítulo 3 ("Más acerca del alcoholismo"). A veces se lee un enunciado sobre el anonimato en A.A., que explica que es un principio de privacidad valioso tanto para los nuevos como para las personas que llevan tiempo. Muchas reuniones se cierran con un momento de silencio seguido de una oración, o tal vez de la Declaración de la Responsabilidad o algún otro texto de A.A.

luego de la reunión

Una vez acabada la reunión la gente se junta y conversa y se genera un ambiente de sociabilidad. Es posible que varias personas se presenten y le ofrezcan su ayuda, o que compartan cómo fueron sus experiencias cuando lograron la sobriedad. Si bien muchos miembros disfrutan y aprovechan este momento, es usted quien decide si quiere quedarse y socializar.

Decidí quedarme que todos se ayudaban entre sí y nadie era juzgado así pasaron varias semanas de asistir lo cual estaba encantada me sentía muy a fin, también asistí al 4 y 5 paso de AA fue una experiencia muy fuerte, pero de mucho aprendizaje.

Los mismos compañeros me dijeron que me sentiría mucho mejor en asistir a ALANON

¿Qué es Al Anón?

Una COMUNIDAD de parientes y amigos de los alcohólicos, que creen que sus vidas han sido afectadas por la bebida de otra persona. Un programa de recuperación de GRUPOS DE

AYUDA MUTUA basado en los Doce Pasos de Alcohólicos Anónimos (A.A). ¿Cuáles son los 3 legados de Al -Anón?

Los Tres Legados de Al-Anón abarcan la Recuperación a través de los PASOS, la Unidad a través de las TRADICIONES y el Servicio a través de los CONCEPTOS. Adoptados casi palabra por palabra de Alcohólicos Anónimos, los Doce Pasos de Al-Anón son los Pasos que seguimos cada uno de nosotros a lo largo de este camino tan personal hacia la recuperación.

Dentro de mí, algo inexplicable estaba ocurriendo a medida que interactuaba diariamente con personas que atravesaban momentos difíciles en sus vidas. La hermandad que se forjaba con el tiempo nos conecta espiritualmente, convirtiéndonos en símbolos de servicio mutuo.

Mi entorno se llenó de individuos que anhelaban amor, compasión y comprensión, y aprendí que compartir mi propio proceso de aprendizaje se convertía en un alimento espiritual para aquellos que lo recibían. La comunidad que me rodeaba extendió sus manos para evitar que volviera a caer, estando ahí en momentos difíciles y guiando mis pasos para evitar tropiezos. Me inspiraron seguridad y cada día llenaban mi vida de placer espiritual.

La búsqueda de alternativas para enfrentar los trastornos emocionales se convirtió en una prioridad. Desde medicamentos hasta consultas con neurólogos, prácticas de yoga, meditación y sesiones con psicólogos, me sumergí en un conjunto de herramientas para abordar mis miedos y los traumas que arrastraba desde el vientre de mi madre. Sabía que llegaba el día en el que, poniendo todo de mi parte, podría alcanzar la normalidad y la felicidad.

Cada día era una página más en mi historia de superación, con la comunidad y las herramientas que me rodeaban actuando como pilares sólidos. Aprendí que el proceso de curación no solo se trata de afrontar los desafíos, sino de compartir la experiencia y brindar apoyo a quienes también buscan su camino hacia la felicidad y la plenitud. Con el tiempo, mi vida se transformó, y la cuenta de visitas a mi página personal era simplemente un recordatorio tangible del viaje que emprendí desde enero de 2000, marcado por modificaciones hasta septiembre de 2010.

En un día común, me sumergí en la meditación y mi mente buscaba respuestas. Me preguntaba con anhelo: ¿Dónde reside Dios? Busqué su presencia en cada esquina, en cada espacio donde se congregaba la gente, pero no sentía su cercanía. Cada experiencia tormentosa de mi vida parecía atormentarme aún más, impidiéndole abrazar la plenitud de cada día.

Fue entonces cuando algo extraordinario se manifestó como un sueño lúcido. Una voz, clara y resonante, se abrió paso en mi mente: "En tu vida pasada, fuiste bendecido con mucho, rodeado de admiración y reverencia. Pero en esta vida, tu misión es dar amor, sembrar abundancia y regalar felicidad. Deja de lado el enojo, ríndete y abraza el camino que te aguarda en esta tierra".

Esa revelación alcanzó mi ser durante la meditación. Un éxtasis recorrió mi corazón en ese instante. Fue el momento en que comprendí que Dios siempre ha residido en mi interior, que no necesitaba seguir buscándolo fuera. Su amor infinito yace en nuestro ser más profundo. Quizás solo me faltaba la fe para sentirlo.

## Capítulo 7

## El Perdón La Gratitud y La Abundancia

Cada experiencia que he atravesado hasta el día de hoy ha sido un valioso aprendizaje en mi vida. He comprendido que el amor propio implica conocerme en todas mis facetas, tanto las virtudes como los defectos, aceptándome tal como soy, sin imponer expectativas irreales. Aprendí a mirarme con compasión y amor, reconociendo mis pensamientos y alineándose con mis emociones.

Enfrentar el miedo a las emociones que tanto me aterraban y deshacerme de los patrones que se arraigaron en mí desde pequeña fue como desenterrar el aroma de una flor marchita. Profundicé en una aceptación incondicional de mí misma y cultivé un genuino sentido de compasión y bondad hacia mí, como un acto de perdón.

Al hacer un recuento de mi vida desde la infancia, me dispuse a escuchar y confrontar el origen de mis síntomas. Descubrí que los trastornos emocionales que enfrenté provienen de las vidas pasadas de mi familia, transmitidos a través de generaciones en forma de miedos y traumas. Comprendí que no debemos separarnos emocionalmente de nuestros antepasados: nuestros bisabuelos, abuelos y padres, ya que sus vivencias son parte inherente de nuestra historia.

En este camino de autodescubrimiento, exploré la historia familiar y las vivencias de aquellos que me precedieron. Me liberé de las cargas del pasado, incluyendo la incidencia traumática que vivió mi madre mientras yo estaba en su vientre. Ni ella ni yo sabíamos cómo repercutirá en el futuro, pero sentí la necesidad de procesarlo para no almacenarlo en mi inconsciente.

Cuando nos encontramos frente a un dolor emocional abrumador, es natural buscar escapar de él. Pero lo que a menudo no sabemos es que, al evitar estos sentimientos, estamos bloqueando nuestro propio camino hacia la curación. A pesar de los numerosos métodos de ayuda disponibles en la actualidad, a veces, estas vías de apoyo no logran proporcionar una sanación completa. El verdadero desafío radica en tomar la decisión valiente de confrontar nuestros propios miedos, ansiedades, depresiones y traumas.

Sólo cuando comprendemos los cambios biológicos que se desencadenan por el estrés y los traumas, y nos comprometemos a afrontarlos, logramos desplegar nuestras verdaderas capacidades. Mi viaje me llevó a recorrer el árbol genealógico de mi familia en busca de comprensión, sin señalar con el dedo acusador hacia una única causa de mi enfermedad, aunque sé que fue desencadenada por un shock emocional.

"Finalmente, al atravesar este oscuro túnel emocional, descubrí una verdad profunda: el dolor no es un enemigo para esquivar, sino un compañero de viaje que nos muestra el camino hacia la sanación. Aceptar el desafío de confrontar mis heridas más profundas no solo me reveló mi propia fuerza interior, sino que me conectó con generaciones pasadas, desenterrando raíces de sufrimiento para liberar a futuras ramas de mi árbol genealógico.

"Mi corazón rebosa gratitud hacia Dios por el viaje que emprendí y enfrente a través de esos trastornos emocionales. Cada experiencia se convirtió en una lección vital que transformó mi existencia. Agradezco de todo corazón a los psiquiatras, médicos y psicólogos que aparecieron en mi vida justo cuando más los necesitaba. Ellos me enseñaron que las heridas emocionales no son vergonzosas y que abrazar nuestros sentimientos internos es esencial. Las pastillas, lejos de ser algo negativo, fueron un salvavidas en mi camino hacia la recuperación, aliviando y permitiendo buscar otras formas de apoyo para salir adelante.

Mi gratitud se extiende hacia mi maestro, Satín Oba Shandur, cuyo trabajo con la meditación y la metafísica curó el desequilibrio en mi ser, uniendo mi cuerpo con mis emociones.

Recuerdo las palabras sabias de Paulo Coelho:

'Cuando termines un largo tratamiento de salud, no te centres en el sufrimiento, sino en la bendición divina que permitió tu sanación'.

No puedo pasar por alto a las personas que marcaron la diferencia en mi vida: mis amigos, familiares y, sobre todo, mi hija Daniela Ella dio un propósito renovado a mi existencia. Gracias a ella, comprendí la importancia de los momentos difíciles y dolorosos en mi trayectoria. Cada obstáculo me llevó a darme cuenta de que todo tiene un propósito, incluso el dolor más profundo.

La gratitud se convirtió en mi brújula hacia la vida, permitiendo apreciar cada relación y lección de mis ancestros. Valorar la vida y la contribución de otros, con sus aciertos y errores, transformó mi visión hacia el lado positivo, regulando mi bienestar físico y espiritual.

Hoy, siento una riqueza que va más allá de lo material. Como terapeuta holística, creí que la abundancia vendría a través de distintas terapias, pero también implica enfrentar una versión expandida de uno mismo, una mayor conciencia que ahora atraigo a mi vida.

La abundancia no es cuestión de casualidad; es una manifestación de nuestras capacidades. La clave radica en cómo materializarla.

Nuestra conciencia y cómo nos relacionamos con la vida son fundamentales. La espiritualidad nos lleva a un estado donde creamos y vivimos conscientemente, conectados con algo más grande que nosotros mismos. Al reprogramar nuestro inconsciente, liberamos las heridas que bloquean nuestra sensación de merecimiento, permitiéndonos encontrar paz, armonía y felicidad.

Estoy convencida de que todo tiene un propósito. Cada uno de nosotros tiene una misión en esta tierra. Quizás la mía fue atravesar estas experiencias para compartir lo aprendido, perdonar, amar con intensidad, y nunca perder la fe, para poder compartir mi viaje hasta este momento."

En este último capítulo de mi historia, no solo cierro un libro, sino que abro las puertas a la comprensión, el perdón y la compasión. Mi trayecto hacia la curación no solo es mío, es un legado para aquellos que vienen después de mí.

Que mi historia sea un faro de esperanza para quienes se encuentren inmersos en la oscuridad de su propio dolor, mostrándoles que en la confrontación radica el primer paso hacia la luz.

Con el corazón al descubierto y la certeza de que el amor propio es el bálsamo más poderoso, cierro mi testimonio.

Que estas palabras no sean solo letras impresas, sino semillas de coraje y resiliencia para todos aquellos que se aventuren en su propio viaje hacia la sanación. Que encuentren en ellas la fuerza para enfrentar lo insondable y abrazar cada cicatriz como un símbolo de crecimiento y transformación. Que, al igual que yo, descubran que el poder de la curación reside en el abrazo valiente a su propia vulnerabilidad.

www.ingramcontent.com/pod-product-compliance
Lightning Source LLC
Chambersburg PA
CBHW051744250726
48659CB00001B/240
* 9 7 9 8 3 2 4 6 5 6 4 5 4 *